CW01662934

Disn

LE ROI

MON HISTOIRE du soir

L'histoire du film

hachette
JEUNESSE

Sous le soleil de la savane, tous les animaux traversent la Terre des Lions. Ils se rendent au Rocher du Lion pour célébrer un grand événement. La reine Sarabi a donné naissance à un lionceau.

Le roi Mufasa est très fier lorsque Rafiki, le vieux sorcier, présente le nouveau-né à la foule.

Seul Scar, le frère du roi, est absent. Sans même connaître Simba, il le déteste déjà, car le nouvel héritier brise ses espoirs de devenir roi un jour.

– Sarabi et moi ne t'avons pas vu à la présentation de Simba, reproche Mufasa à son frère. Jaloux, Scar s'éloigne en réfléchissant à sa vengeance.

Un beau matin, Mufasa emmène
Simba au Rocher du Lion.
– Regarde, mon fils, dit-il, partout où le soleil
pointe ses rayons, s'étend la Terre des Lions.
Un jour, tu en seras le roi.

Simba est très fier. Mais ce qui lui importe le plus, c'est de jouer avec sa meilleure amie, Nala.

Aujourd'hui, Simba a décidé d'explorer avec Nala un endroit très secret dont oncle Scar lui a parlé.

– Je voudrais déjà être roi ! crie Simba en détalant
à travers la savane avec les zèbres.

Simba et Nala arrivent devant un énorme crâne d'éléphant.
– Ça y est ! On est arrivés ! crie joyeusement Simba.

Sa joie est de courte durée, car des hyènes surgissent de nulle part.

Courageusement, Simba tente de faire face à leurs ennemis, mais sans succès.

Heureusement, le roi Mufasa surgit juste à temps
pour sauver les lionceaux.
Il se jette sur les hyènes pour protéger Simba.
– N'approchez plus jamais mon fils ! rugit-il.

Mufasa n'est pas content que son fils se soit aventuré dans un lieu si dangereux. Mais au fond de lui, il est soulagé de l'avoir retrouvé sain et sauf.

Alors que les étoiles scintillent dans le ciel, Mufasa et Simba se réconcilient.
– Regarde, dit Mufasa, nos ancêtres nous observent de là-haut. Ils seront toujours là pour te guider... et moi aussi, je serai toujours là pour toi.

PRÈS DE 100 HISTOIRES
POUR S'ENDORMIR EN DOUCEUR.

Mise en pages : Julie Demol

Édité par Hachette Livre : 58, rue Jean Bleuzen – 92178 Vanves Cedex – Imprimé par Macrolibros en Espagne – Achevé d'imprimer : mai 2019
ISBN : 978-2-01-626040-1 – Édition 11 – Dépôt légal : avril 2017
Loi n° 49-956 du 16 juillet 1949 sur les publications destinées à la jeunesse.

Pour tout renseignement concernant nos parutions, nous contacter par téléphone au 01 43 92 38 88 ou par e-mail : disney@hachette-livre.fr

Pour l'éditeur, le principe est d'utiliser des papiers composés de fibres naturelles, renouvelables, recyclables et fabriquées à partir de bois issus de forêts qui adoptent un système d'aménagement durable. En outre, l'éditeur attend de ses fournisseurs de papier qu'ils s'inscrivent dans une démarche de certification environnementale reconnue.